Artistes | numéro **38**

AMEDEO MODIGLIANI,
L'ART DU PORTRAIT ET DU NU

— Entre tradition et avant-garde

par Coline Franceschetto

50MINUTES

Avec la collaboration d'Anthony Spiegeler

AMEDEO MODIGLIANI

- **Nom ?** Amedeo Clemente Modigliani – Dedo pour la famille, Modi pour les amis.
- **Naissance ?** Né le 12 juillet 1884 à Livourne (Italie).
- **Mort ?** Décédé le 24 janvier 1920 à Paris.
- **Contexte ?** Lorsque Modigliani arrive à Paris, la ville est secouée par d'importantes révolutions artistiques : l'impressionnisme, qui a fait son temps, laisse la place aux premiers mouvements d'avant-garde.
- **Œuvres majeures ?**
  - *La Juive* (1908)
  - *Frank Burty Haviland* (1914)
  - *Jean Cocteau* (1916)
  - *Nu couché aux bras ouverts* (1917)
  - *Nu assis sur un divan* ou *La Belle Romaine* (1917)
  - *Jeanne Hébuterne au pull-over jaune* (1918)
  - *Autoportrait* (1919)

Tout au long de sa courte carrière, Modigliani ne vise qu'un seul objectif : la connaissance profonde de l'espèce humaine. Sans chercher à promouvoir une nouvelle conception artistique comme le font ses contemporains, il ne développe pas moins un art novateur inimitable et unique. À la fois attentif aux évolutions stylistiques de son temps et respectueux des traditions, il demeure en marge de toute tendance artistique, proposant sa propre vision de la réalité.

Modigliani, de nationalité italienne, arrive à Paris en 1906 et s'installe rapidement dans le quartier de Montmartre, alors en pleine effervescence. D'un tempérament réservé, il se laisse aller à la vie parisienne et entre en relation avec la bohème artistique, à l'époque où Pablo Picasso (1881-1973) et Georges Braque (1882-1963) lancent l'un des mouvements les plus révolutionnaires de la peinture moderne : le cubisme. Mais malgré sa proximité avec les artistes d'avant-garde, Modigliani reste étranger à leur agitation, récupérant des genres traditionnels tels que le portrait et le nu, non sans les détourner. Électron libre, il observe, s'essaie à la nouveauté et s'imprègne des recherches contemporaines pour apporter à sa peinture ce qui peut servir son idéal : peindre la beauté psychologique de l'homme. On peut ainsi définir Modigliani comme un « classique moderne ».

CONTEXTE

UN PARIS RÉSOLUMENT MODERNE

La seconde moitié du XIXᵉ siècle voit la France basculer de plain-pied dans la modernité. Entré dans l'ère industrielle dès les années 1830, le pays connaît de profondes mutations économiques, technologiques et culturelles.

Paris, en particulier, se voit doté d'un nouveau visage qui fait la fierté de ses habitants. Transformée par les travaux du préfet Georges Eugène Haussmann (1809-1891), sous l'égide de Napoléon III (1808-1873), la capitale voit ses monuments et édifices publics rehaussés d'une dentelle de fer caractéristique de l'époque, et est pourvue de larges boulevards avec trottoirs. Napoléon III espère ainsi favoriser le développement du commerce et des industries. Dans la même optique, on voit naître les banques et les grands magasins. Aussi, suite au développement des chemins de fer, des gares font-elles également leur apparition dans le paysage parisien, permettant aux citadins de rallier la campagne et inversement.

Grâce à l'exposition universelle de 1900, Paris poursuit, au tournant du XXᵉ siècle, son développement. C'est à cette époque que les premières lignes de métro sont construites, changeant radicalement la configuration de la ville, désormais résolument moderne et active. L'atmosphère parisienne est à la fête : on y vit au rythme de ses cafés légendaires, théâtres et dancings – on pense aux Folies-Bergère ou encore au Moulin Rouge. La France entre alors dans la deuxième phase de l'industrialisation, qui marque le début de la mécanisation, dont les secteurs de pointe – l'aéronautique, l'automobile et l'électricité – font du pays l'une des plus grandes puissances financières mondiales. Ce modernisme ambiant, couplé à l'essor du libéralisme, qui favorise les libertés de pensée, d'expression et d'entreprise, attire de nombreux étrangers qui viennent s'installer à Paris en quête de changement et d'une vie meilleure.

LA PUISSANCE DES AVANT-GARDES

Sur le plan artistique, le début du XXe siècle est marqué par une concentration très importante d'artistes qui arrivent de toute l'Europe pour s'installer à Paris. L'échange et la confrontation des styles font de la capitale française l'un des foyers artistiques les plus importants d'Europe. Paris acquiert même le titre de capitale internationale de l'avant-garde. Il s'agit d'un moment crucial dans l'histoire de l'art moderne, qui correspond à une transformation radicale de la scène artistique, mais aussi des enjeux de l'art. En 1925, l'écrivain et critique d'art André Warnod (1885-1960) publie un article dans la revue *Commoedia* dans lequel il définit sous le terme d'« école de Paris » cette communauté composite d'artistes français et étrangers résidant dans la capitale française et apportant chacun une esthétique différente marquée par des traits culturels propres.

Rapidement, on voit apparaître des « cités » d'artistes, comme c'est le cas dans les quartiers de Montmartre et Montparnasse, théâtres d'une effervescence artistique sans précédent. Dans les premiers temps, c'est Montmartre qui a la faveur des artistes. À cette époque, le quartier est encore en construction, et de nombreux terrains vagues accueillent des baraquements de fortune où l'on vient s'installer pour des loyers dérisoires. Par la suite, Montparnasse, et plus précisément la cité Falguière, devient le lieu privilégié de ralliement des artistes. Aussi des ateliers partagés voient-ils le jour : on pense entre autres au Bateau-Lavoir, repaire des cubistes, ou encore à l'Atelier Delta, où les styles se confrontent et donnent sans cesse naissance à de nouvelles tendances, dans une véritable course à l'inventivité.

Car c'est bien de cela qu'il s'agit : les artistes de l'époque, à la suite
des impressionnistes qui ont été parmi les premiers à rompre avec
la tradition académique, se lancent dans une révolution artistique
sans fin. Ainsi les mouvements d'avant-garde – cubisme, fauvisme,
futurisme, expressionnisme, etc. – se succèdent à toute vitesse et
renouvellent constamment le langage artistique, rompant tou-
jours plus avec la tradition, souvent sur fond de scandale. Mais,
en marge de ces mouvements, on trouve aussi des artistes isolés,
tels que Constantin Brancusi (1876-1957), Maurice Utrillo (1883-1955),
Diego Rivera (1886-1957), Marc Chagall (1887-1985), Moïse Kisling
(1891-1953) et, bien sûr, Amedeo Modigliani.

L'IMPRESSIONNISME

L'impressionnisme voit le jour au milieu du XIXe siècle avec des peintres comme
Camille Pissarro (1830-1903), Alfred Sisley (1839-1903), Claude Monet (1840-1926)
ou Pierre-Auguste Renoir (1841-1919). Le nom d'impressionnistes leur est attri-
bué en 1874 suite à une boutade du journaliste Louis Leroy au sujet de la toile
Impression, Soleil levant (1872-1873) de Monet. S'éloignant de la représentation
fidèle du réel, ces artistes entendent transcrire sur leurs toiles une impression
subjective et éphémère, accordant la primauté à leurs émotions. Du point de
vue stylistique, les impressionnistes abandonnent le dessin au profit de petites
touches de peinture et utilisent des couleurs plus claires.

BIOGRAPHIE

L'ENFANCE ITALIENNE

Modigliani voit le jour le 12 juillet 1884 à Livourne, en Toscane. Issu d'une famille bourgeoise juive italienne, il est le quatrième et dernier enfant de Flaminio Modigliani et d'Eugénie Garsin. À sa naissance, la famille vit dans le dénuement le plus complet suite à la faillite de l'entreprise familiale.

De constitution fragile, le jeune enfant passe ses journées à lire et à s'instruire auprès de sa mère et de son grand-père maternel, un homme extrêmement cultivé. Ce n'est qu'à l'âge de 10 ans qu'il commence à fréquenter l'école. Très peu porté sur l'étude, il apparaît comme un élève médiocre, mais présente dès cette époque un vif intérêt pour le dessin. En 1898, il est atteint de violentes fièvres typhoïdes qui le maintiennent longtemps entre la vie et la mort. Durant sa maladie, l'adolescent exprime ardemment sa volonté de suivre une formation de peintre. Une fois rétabli, il quitte la voie scolaire traditionnelle et devient l'élève du maître paysagiste livournais Guglielmo Micheli (1866-1926) pendant deux ans.

Sa formation s'arrête brusquement lorsqu'il contracte la tuberculose en 1900. Les médecins sont pessimistes et, contre leurs conseils, la mère de Modigliani décide d'éloigner pour un temps son fils de Livourne : elle l'emmène passer l'hiver en convalescence dans le Sud de l'Italie, qui jouit d'un climat plus favorable. Ensemble, ils voyagent à Capri, Naples et Rome, où Modigliani fréquente assidûment les musées. De retour à Livourne au printemps 1901, le jeune peintre décide de partir pour Florence et s'inscrit à la Scuola libera di nudo (littéralement « école libre du nu »). En 1903, il se rend à Venise, où il parfait son apprentissage artistique à l'Istituto di belle arti. C'est là qu'il découvre l'impressionnisme français, le symbolisme et la sculpture d'Auguste Rodin (1840-1917), qui font naître en lui un désir d'indépendance et un grand attrait pour Paris.

LA BOHÈME PARISIENNE

Modigliani arrive à Paris en 1906, à l'âge de 22 ans. Se détachant de son milieu bourgeois, il s'installe d'abord à Montmartre : le dépaysement est total et la vie de bohème très séduisante. Il poursuit sa formation en peinture de nus, fréquente les cours de l'académie Ranson à Montparnasse et s'inscrit en 1907 à l'académie Colarossi, où il rencontre Maurice Utrillo, qui devient son ami fidèle. La même année, il fait la connaissance de Paul Alexandre (1881-1968), une rencontre déterminante dans sa carrière, tant humainement que financièrement. En effet, Paul Alexandre devient le premier mécène de Modigliani. Passionné d'art, ce jeune médecin offre aux artistes dans le besoin un toit et un atelier que Modigliani fréquentera pendant un temps.

L'année 1907 est par ailleurs une date-clé dans l'évolution du style de Modigliani : il découvre l'art de Paul Cézanne (1839-1906), les dessins de Toulouse-Lautrec (1864-1901), le fauvisme, le cubisme ou encore l'art nègre. Malgré une santé fragile, Modigliani adopte le mode de vie trépidant de Montmartre. Ses excès n'influent pourtant en rien sur sa production : c'est un artiste convaincu, d'une exigence et d'une intransigeance extrêmes vis-à-vis de son travail. Cette persévérance se solde, en 1908, par sa participation au Salon des indépendants. Il y expose cinq toiles, dont *La Juive* (1908), et un dessin.

En 1909, Modigliani entre en contact avec le sculpteur Constantin Brancusi, avec lequel il se lie d'amitié et qui lui permet de concrétiser son ambition de devenir sculpteur. Rapidement, le jeune artiste emménage à Montparnasse, à proximité de l'atelier de Brancusi, qui pratique un art dépouillé, d'une beauté harmonieuse et à caractère idolâtre. Pendant quatre ans, le jeune novice se consacre uniquement à la sculpture, une expérience qui se révèle cruciale dans l'élaboration de son style.

LE TEMPS DES PORTRAITS

Lorsque la guerre éclate en 1914, Modigliani, exempté de service militaire en raison de sa santé défaillante, reste à Paris. Il abandonne alors la sculpture et retourne à la peinture : il développe sa propre voie artistique en s'éloignant de ses contemporains, se forgeant une réputation de grand solitaire. L'apport de la sculpture en ce qui concerne le traitement des volumes, l'épuration des lignes et la recherche de l'essentiel est perceptible dans ses portraits, auxquels il se consacrera tout le reste de sa vie. Durant cette période, Modigliani dresse une véritable galerie de portraits des artistes présents à Paris. On le définit d'ailleurs comme le portraitiste par excellence de la bohème parisienne. Au hasard de ses rencontres dans les bars, il esquisse les traits d'inconnus en échange d'un verre d'alcool. Quant à ses portraits peints, ils sont plutôt liés à des rencontres intellectuelles ou affectives. De ces années datent les portraits de *Diego Rivera* (1914), de *José Pacheko* (1915), de *Léon Indenbaum* (1915) ou encore de *Léon Bakst* (1917).

Par l'intermédiaire du poète Max Jacob (1876-1944), Modigliani fait la connaissance, en 1914, du marchand d'art Paul Guillaume (1891-1934), qui l'intègre à de nombreuses expositions au sein de sa galerie. Pour la première fois, Modigliani voit également ses œuvres exposées à l'étranger dans une exposition collective, Twentieth Century Art, qui a lieu à la Whitechapel Gallery de Londres. La même année, il rencontre la très célèbre Beatrice Hastings (1879-1943), journaliste, romancière et critique d'art anglaise, avec qui il aura une relation tumultueuse qui durera deux ans durant lesquels Modigliani sombre dans l'alcool et la drogue.

À la fin de l'année 1916, l'artiste rencontre Léopold Zborowski (1889-1932), un marchand d'art et poète russe qui devient son mécène et ami attitré, et l'une des rares personnes à croire réellement au talent et au potentiel artistique de Modigliani. En plus de lui organiser de nombreuses expositions et de lui trouver des acheteurs, Zborowski n'hésite pas à aider Modigliani matériellement et financièrement. À l'hiver 1916, l'artiste fréquente Simone Thiroux (1892-1921) et lui laisse un fils, Gérald, qu'il ne reconnaîtra jamais.

LA SÉRIE DES NUS

En avril 1917, Modigliani rencontre Jeanne Hébuterne, alors âgée de 19 ans. À la même époque, l'artiste réalise une série de 30 nus qui le rendront célèbre dans le monde entier et rassemblent à eux seuls toutes les caractéristiques du « style Modigliani ». Le 3 décembre, le peintre en expose quelques-uns à la galerie de Berthe Weill (1865-1951), une célèbre galeriste d'avant-garde, mais cette unique exposition personnelle de son vivant tourne court, fermée le soir même par les autorités en raison de son caractère licencieux. Bien que Modigliani se tienne à l'écart des excès provocateurs de certaines avant-gardes, ses nus font scandale.

Au printemps 1918, Modigliani et Jeanne Hébuterne quittent Paris, menacé par l'invasion allemande, et se réfugient dans le Sud en compagnie de l'artiste Chaïm Soutine (1893-1943) et du couple Zborowski. Ensemble, bien qu'ils ne soient pas mariés, ils ont une petite fille, Jeanne Modigliani, qui sera le seul enfant reconnu par le peintre. Durant son séjour à Nice, ce dernier réalise plusieurs portraits très différents de ses œuvres précédentes. En 1919, Zborowski réussit à faire exposer plusieurs de ses toiles en Angleterre, avec succès. Le couple revient à Paris en mai et attend un second enfant. Tout semble donc aller pour le mieux. Cependant, à la fin de l'année, Modigliani contracte une méningite tuberculeuse. Son état est alarmant : il est conduit d'urgence à l'hôpital de la Charité la nuit du 24 janvier 1920, mais meurt le jour même, à l'âge de 35 ans. Le lendemain, Jeanne Hébuterne, enceinte de huit mois, se donne la mort par défenestration. Leur fille Jeanne est adoptée par la sœur de l'artiste.

LE CANULAR DE LIVOURNE

En 1984, à l'occasion du centenaire de la naissance de Modigliani, le Museo progressivo d'arte contemporanea de Livourne organise une exposition consacrée à l'œuvre sculptée de l'artiste. Pour l'occasion, les organisateurs proposent de vérifier la rumeur selon laquelle Modigliani aurait, durant un séjour à Livourne en 1909, jeté dans le Fosso Reale (douve de Livourne) quelques-unes de ses sculptures qu'il jugeait incomplètes et ratées. Trois têtes sculptées sont alors retrouvées et attribuées par la critique à l'artiste. La découverte est spectaculaire et l'engouement total. Mais très vite, l'enthousiasme retombe : trois étudiants révèlent à la presse qu'ils ont eux-mêmes sculpté les têtes avant de les jeter dans le fossé. Ils voulaient ainsi démontrer la crédulité de la critique d'art et prouver à quel point il était facile de créer des mythes.

CARACTÉRISTIQUES

LA FIGURE HUMAINE POUR UNIQUE SUJET

Tout au long de sa carrière, Modigliani ne s'intéresse qu'à un seul sujet : la figure humaine, à travers des portraits et des nus. Il ne s'écarte jamais de ces deux types de production, hormis pendant ses premières années de formation ainsi qu'en 1919, année à laquelle il peint quelques paysages (*Paysage dans le midi* ou *Arbre et Maison*, 1919, par exemple). Ces derniers ne sont toutefois pas représentatifs de son œuvre et ne sont que très rarement évoqués.

Que ce soit dans son œuvre picturale ou sculptée, Modigliani ne représente que le genre humain, et plus particulièrement la femme, mise à l'honneur dans sa beauté et son intimité. Obnubilé par l'ambition de transcrire l'âme de ses sujets sur la toile, Modigliani n'accorde aucune importance au fond. Ses tableaux sont extrêmement dépouillés : aucun détail, aucun accessoire ou attribut extérieur ne vient troubler la présence pérenne du modèle. L'espace dans lequel il est placé est grossièrement recouvert de larges aplats de couleurs ternes et éteintes qui obligent le spectateur à se concentrer sur la représentation de la figure humaine.

DES VISAGES SIMPLIFIÉS, MAIS ÉLÉGANTS

En outre, Modigliani dépouille les visages de leurs attraits superficiels pour ne montrer que leurs traits spirituels, qu'il juge seuls authentiques. Cette quête de vérité est son leitmotiv durant toute sa carrière. Mais la stylisation et l'épuration de ses toiles permettent non seulement d'accéder à la beauté intime et psychologique de l'homme, mais sont également génératrices d'élégance. Grâce à cette simplification, ou à cette réduction, l'artiste invente un langage plastique formel homogène, linéaire et abstrait reconnaissable entre tous. En somme, de chaque figure, il ne conserve que les éléments essentiels.

Les visages de ses premiers portraits (1915-1916), de forme ovale, sont traités d'une manière abstraite qui semble inspirée du cubisme en raison de la géométrisation des formes, comme c'est le cas dans *Raimondo* (1915), par exemple. Dans un deuxième temps, ses portraits et ses nus sont davantage stylisés et font écho aux arts primitifs, notamment à l'art archaïque, à l'art grec ou à l'art Baoulé (du nom d'un peuple de Côte d'Ivoire), qui ont inspiré l'artiste dans l'*Homme à la pipe* (1918), entre autres.

Très rapidement, le peintre représente les orbites oculaires vides. Plus précisément, il remplace les yeux de ses figures par des fentes opaques noires, blanches ou bleues en forme d'amandes inspirées elles aussi des arts primitifs. Ce procédé prive ses portraits de toute individualité et place ses personnages dans une dimension atemporelle teintée de mélancolie et d'absence. Mais malgré la sensation de vide largement dominante dans les visages modiglianiens, le spectateur est troublé par la sensuelle ambiguïté qui en émane, particulièrement perceptible dans la série des nus. Enfin, le cou des personnages, déformé et étiré à l'extrême, est l'une des caractéristiques majeures du peintre.

UNE LIGNE SENSUELLE ET UNE COULEUR CHALEUREUSE

Fidèle à ses origines méditerranéennes, Modigliani couche sur ses toiles une sensualité chaleureuse qui trouve son origine dans le dialogue intelligent de la ligne et de la couleur. Toutefois, la ligne, qui apparaît comme le principal élément constructif de ses œuvres, l'emporte sur la touche et la couleur. Tracée d'un seul jet, incurvée et épaisse, elle vient souligner les volumes et les contours des corps. Au morcellement des objets et des visages par l'utilisation de lignes géométriques et acutangulaires (ayant un angle aigu) prôné par les cubistes, Modigliani préfère l'élan curviligne, qui confère à la fois consistance et douceur aux formes.

Pour ce qui est de la couleur, la palette du peintre est, à ses débuts, assez sobre, dominée par des tons sombres et terreux. Par la suite, elle s'éclaircit, et les couleurs deviennent plus chaudes et plus variées, comme on peut le voir dans ses nus et dans ses derniers portraits (*Nu féminin assis avec collier*, 1917, ou *Portrait de Jeanne Hébuterne*, 1919). Enfin, notons que dans les toiles de Modigliani, il n'existe pas de sources lumineuses. C'est uniquement grâce aux modulations de la couleur que l'image se construit et que la plasticité des formes se révèle.

UN CLASSICISME REVISITÉ

Bien qu'il fréquente quotidiennement les artistes d'avant-garde, Modigliani privilégie la tradition : il tente d'en exploiter tout le mystère et la beauté. Ainsi, dans ses portraits et ses nus, ses compositions s'inspirent de toiles célèbres ou d'œuvres d'artistes de la Renaissance. C'est notamment le cas du *Nu couché, les bras derrière la tête* (1916), qui renvoie de façon évidente à l'*Olympia* (1863) d'Édouard Manet (1832-1883), ou encore de la toile *Jeanne Hébuterne assise* (1918), qui fait écho à *La Gravida* (1505-1506) de Raphaël (1483-1520).

L'organisation interne de ses œuvres, plutôt académiques en raison de la pose hiératique de ses figures et allongée de ses nus, cohabite cependant avec une vision décidément moderne des genres. En effet, Modigliani bouleverse les codes traditionnels via l'apport d'éléments réalistes dans ses compositions, par exemple la présence de poils pubiens dans ses nus ou encore l'écriture qui apparaît dans ses portraits.

LA JUIVE

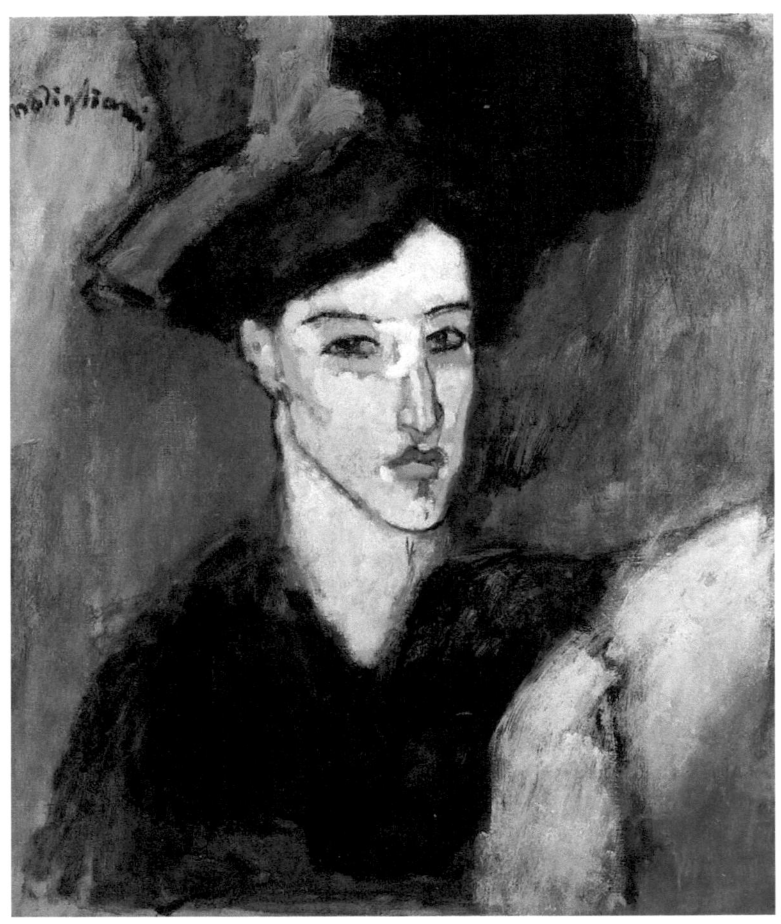

La Juive, 1908, huile sur toile, 54,9 x 46 cm, collection privée, France.

Peu de tableaux datant des premières années d'activité du peintre nous sont parvenus. Au vu de ses premières œuvres parisiennes, auxquelles appartient *La Juive*, il est cependant clair que Modigliani est encore en pleine recherche stylistique, attentif aux apports des avant-gardes contemporaines. Ce tableau, présenté à Paris au Salon des indépendants en 1908, passe totalement inaperçu. Il est néanmoins acheté par Paul Alexandre la même année.

Dans ce portrait, Modigliani s'est notamment inspiré, en ce qui concerne les tons utilisés et le corps efflanqué du modèle, de la période bleue de Picasso (1901-1904), dominée par des thèmes comme la mort, la vieillesse ou la pauvreté. Mais on constate également l'influence de Toulouse-Lautrec, qui a un effet libérateur sur son dessin et son traitement de la ligne, ce qui se traduit par des traits rapides, précis et incisifs. Enfin, on décèle encore la trace des fauves dans les aplats en couches épaisses de couleurs aux forts contrastes – quoique plus nuancés que ceux des fauves –, qui donnent au visage de la femme un aspect fantomatique qui n'est pas sans rappeler les figures tourmentées d'Edvard Munch (1863-1944).

Bien que la composition semble assez relâchée dans le traitement des formes et dans l'utilisation approximative des couleurs, Modigliani a déjà pour ambition de transcrire sur la toile la psychologie de son modèle, au regard provocant, mais dont l'attitude est réservée et sceptique. Aussi le peu d'attention porté au fond et au corps du personnage force-t-il le spectateur à se concentrer sur le visage.

TÊTE

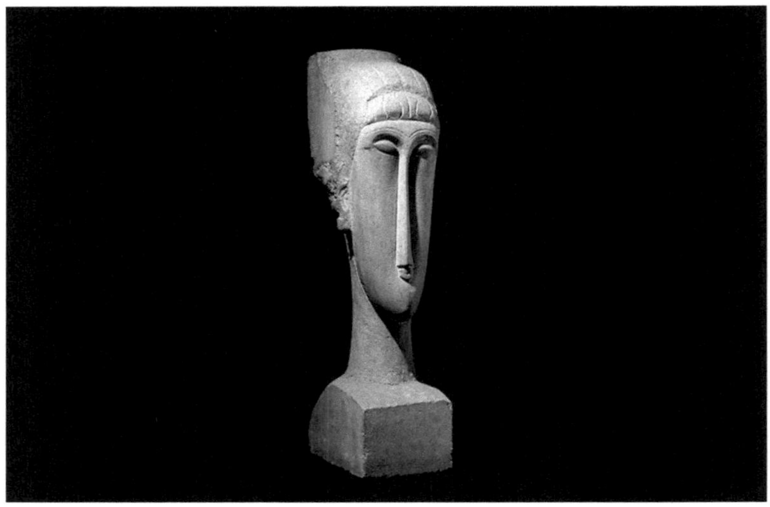

Avant d'arriver à Paris, Modigliani avait déjà exprimé son attachement à la sculpture. Faute de moyens financiers et d'espace, mais aussi en raison de son état de santé, il n'avait jamais eu l'occasion de mettre en pratique ses talents dans ce domaine. La légende raconte qu'en débarquant dans la capitale française, et bien que n'ayant réalisé aucune œuvre sculptée, l'artiste se serait fait passer pour un sculpteur et non pour un peintre. En 1909, par l'intermédiaire de Paul Alexandre, il fait la connaissance du sculpteur roumain Constantin Brancusi, installé lui aussi à Paris. Cette rencontre marque le début d'un cycle de quatre ans au cours duquel Modigliani abandonne complètement sa production picturale pour se dédier entièrement à la sculpture. Brancusi l'initie aux différentes techniques de la taille directe et, en parallèle, ils développent et réinventent un langage plastique propre à la sculpture qui, selon les dires de Modigliani, est devenue « très malade ».

Dans sa série des *Têtes*, l'artiste s'inspire directement des sculptures primitives et archaïques – très en vogue à l'époque auprès de l'avant-garde parisienne –, plus précisément de leur langage synthétique, qui réduit, simplifie et réélabore les formes en leur conférant un aspect décoratif personnel. Ce procédé lui permet de combiner le côté statique et hiératique de la sculpture italienne classique avec les recherches cubistes sur déconstruction les formes. En s'imprégnant de ces différentes influences, Modigliani parvient à créer un style couplant à la fois la ligne souple et arrondie et la ligne plus rigide et décousue du cubisme. Rapidement, son œuvre plastique acquiert ainsi une grande homogénéité et une unicité stylistique. Ses figures sont allongées, occupent très peu d'espace, et leur visage est impersonnel, sobre, abstrait, stylisé à l'extrême, réduit à sa plus simple expression et proche de l'archétype. Le cou est également allongé et les yeux sont réduits à leur contour. Dans sa quête du beau idéal, Modigliani épure à l'extrême la matière et génère des œuvres atemporelles d'une élégance sans pareil, qui incitent au recueillement et à la contemplation.

PAUL GUILLAUME ASSIS

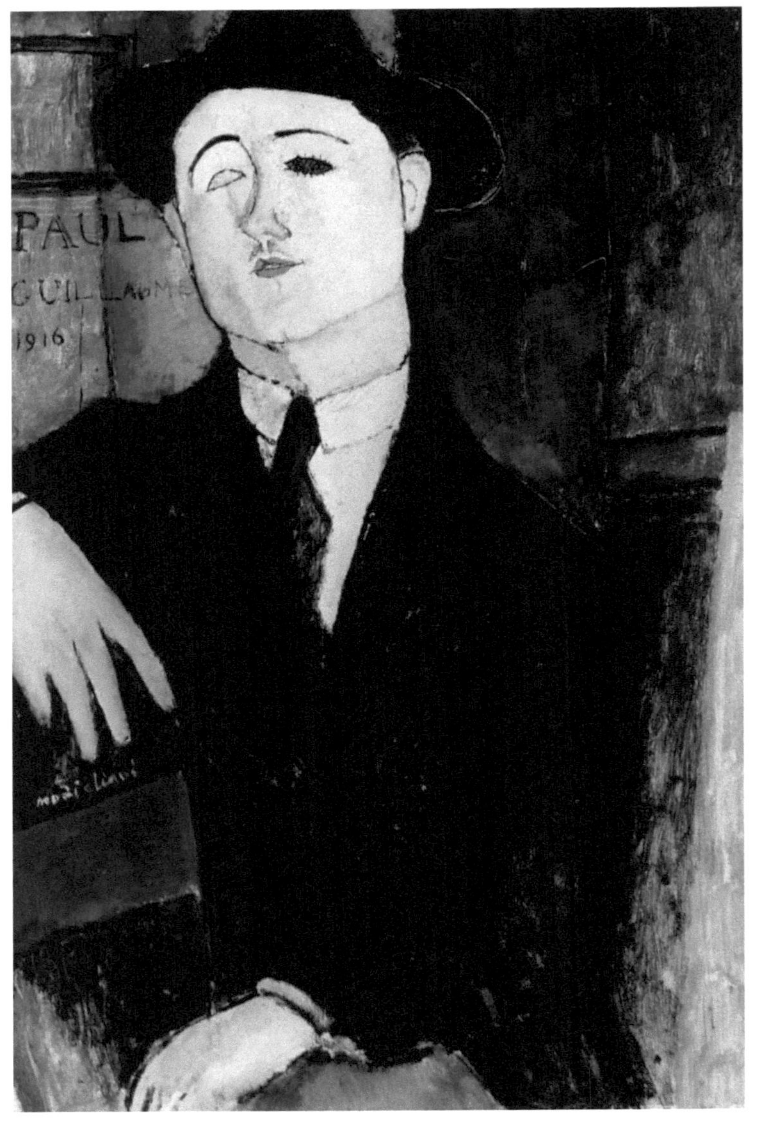

Paul Guillaume assis, 1916, 80,5 x 54 cm, huile sur toile, Milan, Galleria Civica d'Arte Moderna.

Parmi les portraits de Modigliani, on en distingue deux types : d'une part, des portraits d'amis et de connaissances et, d'autre part, des portraits d'inconnus. Rencontré en 1910 via le poète Max Jacob, Paul Guillaume devient rapidement le principal acheteur et protecteur de Modigliani, qui le surnomme « il nuovo pilota » (« le nouveau pilote »). Paul Guillaume est en effet l'un des marchands d'art parisiens les plus intelligents et les plus rusés de l'époque. C'est lui, notamment, qui introduit l'art nègre à Paris.

L'expérience de la sculpture se révèle bénéfique pour la peinture de Modigliani et le conduit à développer un langage plastique reconnaissable entre tous. Comme on le constate dans le portrait de *Paul Guillaume assis*, son style devient plus linéaire, ses formes présentent des contours légèrement arqués et l'ensemble du tableau reflète un caractère bidimensionnel. La figure est stylisée et présente des incongruités proportionnelles frappantes : un long coup, un corps étiré, des pupilles en amande monochromes et asymétriques. Avec ce tableau, on assiste à une schématisation de la physionomie qui, grâce au trait accusé du dessin, fait ressortir toutes les caractéristiques marquantes du modèle.

L'artiste se concentre particulièrement sur la retranscription de l'état psychologique de son modèle, allant jusqu'à le caricaturer. Modigliani nous donne ainsi à voir un portrait introspectif de Paul Guillaume. Il cherche à fixer l'intime nature de son personnage par la simplification du visage et par la réduction de tout élément narratif ou décoratif. Paul Guillaume semble en effet envahir un espace intemporel. Aussi l'un des yeux du jeune marchand d'art est-il fermé. Lorsque Paul Guillaume lui demanda pourquoi il l'avait rendu aveugle d'un œil, le peintre lui répondit : « Parce qu'avec un tu regardes le monde, avec l'autre tu regardes en toi. » (BELLATI (Anna), *Caterina Modigliani. Cento Capolavori al Vittoriano di Roma*, Milan, Giorgio Montadori, 2003, p. 40)

NU COUCHÉ AUX BRAS OUVERTS

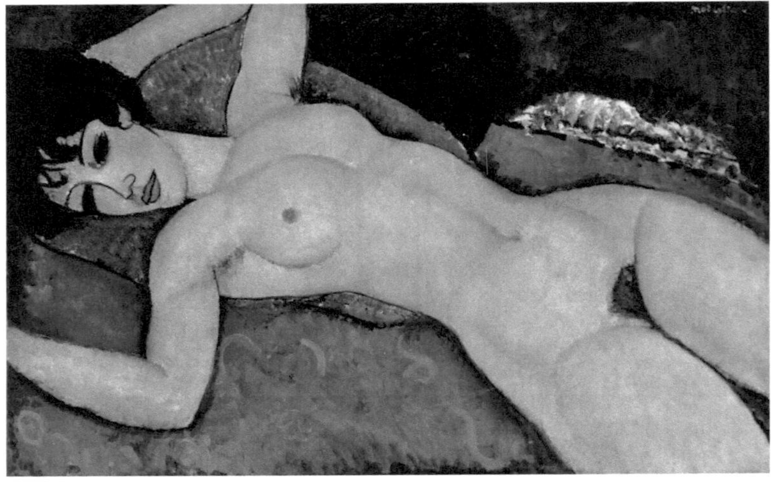

Nu couché aux bras ouverts, 1917, huile sur toile, 60 x 92 cm, Milan, collection privée.

Cette toile, présentée lors de la première exposition personnelle de Modigliani dans la galerie de Bethe Weill, s'insère dans la série des nus réalisée par Modigliani à partir de 1917, sorte de parenthèse qui interrompt sa production de portraits et célèbre la beauté féminine. Si le sujet reste, une fois encore, traditionnel – il s'agit d'un nu féminin –, la vision du corps que Modigliani nous propose est quant à elle tout à fait moderne et rompt avec l'académisme, car libérée de toute pruderie. La présence des poils pubiens, la position du modèle, son anatomie généreuse et, enfin, ses proportions aux formes stylisées nous présentent un idéal de beauté très différent de l'idéal classique, qui confère presque à cette figure féminine un statut de Madone contemporaine.

La ligne légèrement incurvée, chère à Modigliani, apporte au tableau une élégance et une finesse sans pareil, mettant en lumière les contours et les formes du corps. Tout dans l'œuvre nous pousse à regarder cette femme nue : sa position oblique, sa proximité visuelle, son regard vide, sa carnation chaude ou encore l'absence de fond. Mais paradoxalement, la toile nous laisse indifférents et le modèle, artificiel, presque caricatural, s'avère bien vite hermétique aux regards, tout en restant sensuel.

JEANNE HÉBUTERNE AU PULL-OVER JAUNE

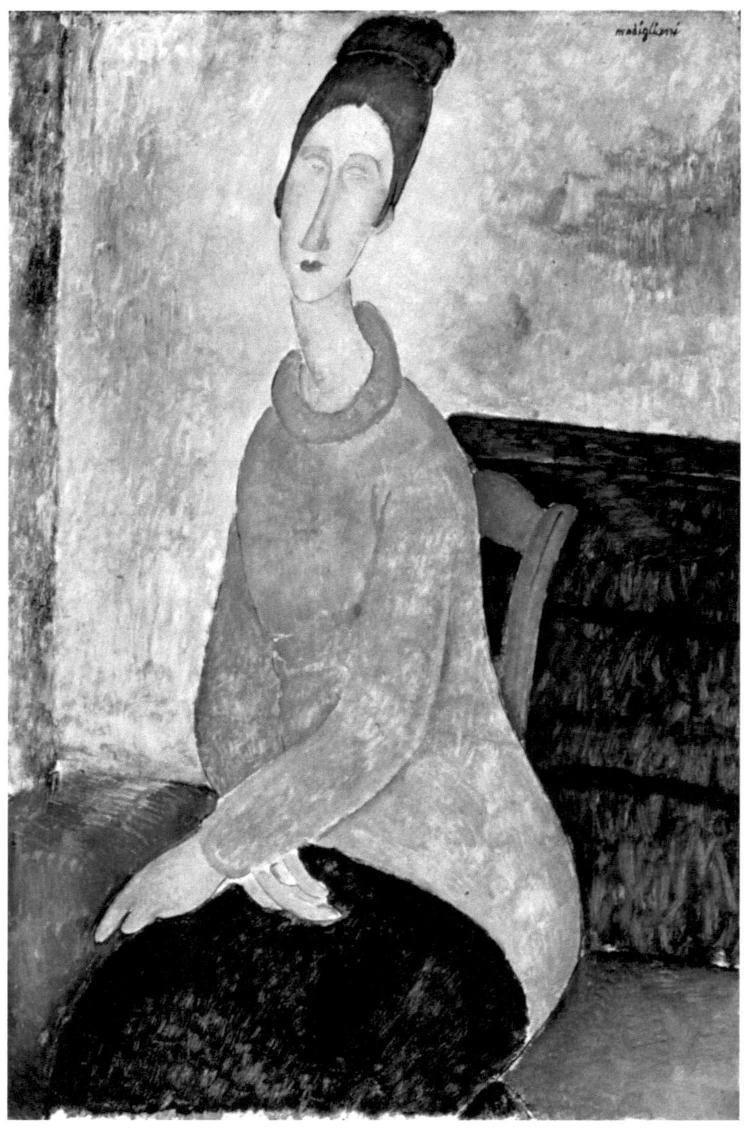

Jeanne Hébuterne au pull-over jaune, 1918, 100 x 64,7 cm, huile sur toile, New York, Solomon R. Guggenheim Museum.

Au cours des deux dernières années de sa vie, Modigliani ne peint pas moins de 25 toiles prenant pour modèle sa compagne, Jeanne Hébuterne. Sa rencontre avec celle-ci, en 1917, lui procure un peu de paix dans une vie débridée et misérable, et lui inspire ses plus belles œuvres. Ce portrait de Jeanne date du séjour de l'artiste dans le Sud de la France (1917-1918) et présente les caractéristiques principales de ses derniers tableaux.

Dès son arrivée dans le Sud, sa palette s'éclaircit et ses couleurs se font plus gaies. Les yeux de ses figures se teintent d'une couleur bleu pâle qui s'harmonise parfaitement avec les autres tons de ses toiles, comme c'est le cas ici. Le coup de pinceau est quant à lui beaucoup plus léger et la surface moins lisse qu'auparavant : l'influence de Cézanne se fait ressentir dans l'épaisseur de la touche et le choix des couleurs.

La pause adoptée par Jeanne est caractéristique des portraits modigliens : les bras désarmés sont posés passivement sur les genoux, le regard est absorbé et les épaules affaissées. La ligne allongée est traitée de façon plus maniériste, notamment pour le cou, les bras et le visage. Contrairement aux portraits parisiens, proches de la caricature, les portraits des dernières années se distinguent par un effacement total des caractères individuels des modèles au profit d'un archétype universel, à l'image des sculptures de l'artiste. On remarque en outre une attention inhabituelle portée à la représentation du fond.

AMEDEO MODIGLIANI, UNE SOURCE D'INSPIRATION

L'art de Modigliani est résolument à part, unique et reconnaissable entre mille. Si l'œuvre de cet artiste ne connaît pas de suiveurs attitrés et ne donne pas naissance à un mouvement ni à une école particulière, il convient en revanche de souligner son rôle majeur dans l'histoire de l'art, en tant qu'œuvre novatrice au même titre que les autres mouvements d'avant-garde du début du XXe siècle. Modigliani et les artistes de son époque contribuent en effet à asseoir définitivement l'art moderne.

Par art moderne, il faut entendre une rupture définitive avec les canons de l'art classique. Initié dans les années 1870 par les impressionnistes, l'art moderne rejette les normes académiques – hiérarchie des genres, importance du dessin, fini lisse, sujets idéalisés – et revendique une nouvelle manière de peindre. L'Antiquité classique n'est plus considérée comme une référence absolue et les sujets sont résolument modernes. Ces transformations ouvrent la voie à une génération entière de peintres, à laquelle appartient Modigliani, qui pousse encore plus loin la rupture avec l'académisme, développant un art radicalement nouveau. Le cubisme, dont les principaux représentants sont Georges Braque et Pablo Picasso, fait des recherches sur la décomposition et la reconstruction des volumes. Les artistes fauves, notamment Henri Matisse (1869-1954) et André Derain (1880-1954), inventent un nouveau langage artistique fondé sur la couleur pure. L'expressionnisme avec, entre autres, Jacques Lipchitz (1891-1973) et Chaïm Soutine, propose une vision déformée, exacerbée, de la réalité par un emploi violent de la couleur. Le futurisme, qui regroupe surtout des artistes italiens, dont Gino Severini (1883-1966), se veut une ode à la modernité, à la vitesse et aux machines.

Ce foisonnement de recherches artistiques permet ainsi aux générations suivantes de développer un art libéré de tout carcan réducteur et d'annoncer, dès 1945, la naissance de l'art contemporain.

EN RÉSUMÉ

- Amedeo Modigliani, né en 1884 et décédé en 1920, a une carrière très brève, mais extrêmement productive. Nourri par la tradition picturale classique, il parvient à conjuguer, dans ses œuvres, son respect de la tradition avec les recherches artistiques de son temps.

- En effet, Modigliani évolue dans le milieu des avant-gardes parisiennes à la charnière du XIXe et du XXe siècle. Paris est à l'époque considéré comme la capitale internationale de l'avant-garde et de nombreux artistes étrangers s'y établissent. Il en résulte un échange artistique sans précédent qui donne naissance à de multiples tendances toutes plus novatrices les unes que les autres.

- Les thèmes de prédilection de Modigliani sont les portraits et les nus, qui composent l'essentiel de sa production. Modigliani affectionne particulièrement les femmes et les visages féminins.

- Ses tableaux sont extrêmement dépouillés – ils ne présentent aucun accessoire ou attribut extérieur, ni fond. Seule la figure humaine intéresse l'artiste qui entend, en quelques coups de pinceau, accéder à la beauté psychologique de ses modèles. Pour ce faire, il dépouille les visages de leurs traits superficiels pour se concentrer sur l'essentiel, faisant preuve d'une épuration des formes et d'une stylisation poussée à l'extrême qui définissent à eux seuls le style modiglianien.

- La carrière de Modigliani peut être divisée en plusieurs périodes distinctes. Dans un premier temps, il ne peint que des portraits, puis, en 1909, il abandonne complètement la peinture pour se tourner vers la sculpture. Cette expérience plastique lui permet d'élaborer un vocabulaire visuel et technique qu'il réutilise dans ses portraits dès 1914. Enfin, en 1917, il s'adonne à une série de nus qui peuvent être considérés comme sa production majeure. Ils feront en effet toute la renommée de l'artiste.

POUR ALLER PLUS LOIN

SOURCES BIBLIOGRAPHIQUES

- CACHIN (Françoise), *Tout l'œuvre peint de Modigliani*, Paris, Flammarion, 1972.
- CHARLES (Victoria), *Modigliani*, Paris, Parkstone Press, 2014.
- DURIEU (Pierre), *Modigliani*, Paris, Hazan, 1998.
- KRYSTOF (Doris), *Modigliani*, Cologne, Taschen, 2013
- MARINI (Francesca), *Modigliani*, Milan, Skira, 2008.
- MODIGLIANI J(eanne), *Amedeo Modigliani. Une biographie*, Vilo, Éditions Olbia, 1998.
- NOËL (Alexandre), *Modigliani inconnu. Témoignages, documents et dessins inédits de l'ancienne collection de Paul Alexandre*, Anvers, Fonds Mercator, 1993.
- PARISOT (Christian), *Amedeo Modigliani. 1884-1920. Itinéraire anecdotique entre France et Italie*, Paris, ACR éditions, 1996.
- PARISOT (Christian), *Modigliani*, Paris, Gallimard, 2005.
- PONTIGGIA (Elena), *Amedeo Modigliani. Le lettere*, Milan, Abscondita, 2006.
- SECREST (Meryle), *Modigliani. L'uomo e il mito*, Milan, Mondadori, 2012.

SOURCES ICONOGRAPHIQUES

- MODIGLIANI (Amedeo), *Jeanne Hébuterne au pull-over jaune*, 1918, 100 x 64,7 cm, huile sur toile, New York, Solomon R. Guggenheim Museum. La photo reproduite est réputée libre de droits.
- MODIGLIANI (Amedeo), *La Juive*, 1908, huile sur toile, 54,9 x 46 cm, collection privée, France. La photo reproduite est réputée libre de droits.

- MODIGLIANI (Amedeo), *Nu couché aux bras ouverts*, 1917, huile sur toile, 60 x 92 cm, Milan, collection privée. La photo reproduite est réputée libre de droits.
- MODIGLIANI (Amedeo), *Paul Guillaume assis*, 1916, huile sur toile, 80,5 x 54 cm, Milan, Galleria Civica d'Arte Moderna. La photo reproduite est réputée libre de droits.
- MODIGLIANI (Amedeo), *Tête*, 1911-1913, grès calcaire, 63,5 x 15,1 x 21 cm, signée à l'arrière (Modigliani), New York, Solomon R. Guggenheim Museum. La photo reproduite est réputée libre de droits.

SOURCE COMPLÉMENTAIRE

- *Modigliani*, film de Mick Davis, avec Elsa Zylberstein, Andy Garcia, Hippolyte Girardot, 2004.

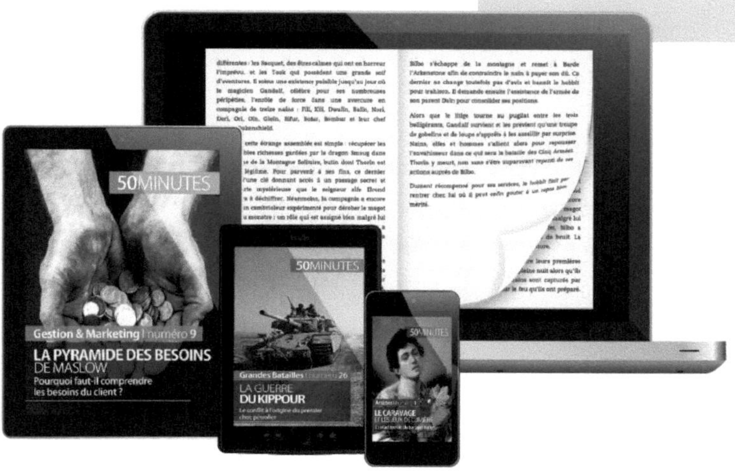

www.50minutes.com

Éditeur responsable : Lemaitre Publishing
Rue Lemaitre 4 | BE-5000 Namur
info@lemaitre-editions.com

ISBN ebook : 978-2-8062-5824-3
ISBN papier : 978-2-8062-5825-0
Dépôt légal : D/2015/12603/123
Photo de couverture : © *Nu couché aux bras ouverts*, 1917, par Amedeo Modigliani (détail).

Conception numérique : Primento, le partenaire numérique des éditeurs